GALERIE

NAPOLÉON,

OU

Collection de Portraits

DE

NAPOLÉON ET SA FAMILLE,

SES CONTEMPORAINS LES PLUS FAMEUX,

NATIONAUX ET ÉTRANGERS.

Livraison.

A PARIS,

CHEZ BÉNARD, ÉDITEUR,

GALERIE VIVIENNE, N. 49.

M. DCCC. XXVIII.

IMPRIMÉ CHEZ PAUL RENOUARD, RUE GARANCIÈRE, N. 5.

GALERIE NAPOLÉON,

ou

COLLECTION DE CENT PORTRAITS :

NAPOLÉON, SA FAMILLE,
LES PRINCIPAUX PERSONNAGES DE SON RÈGNE ET SES CONTEMPORAINS
LES PLUS CÉLÈBRES ;
GRAVURES SUR ACIER PAR LES MEILLEURS ARTISTES FRANÇAIS ET ÉTRANGERS,
AVEC ENCADREMENT ET FAC-SIMILE DES SIGNATURES.

DANS toutes les collections de portraits qui ont été publiées jusqu'à ce jour, on s'est borné à grouper autour de NAPOLÉON les membres de sa famille, les principaux compagnons de sa gloire et de sa fortune, le petit nombre d'amis qui lui sont restés fidèles dans le malheur et quelques traîtres, pour compléter l'ensemble. Dans la collection nouvelle, outre les personnages ci-dessus désignés, on trouvera un grand nombre de portraits des hommes les plus célèbres, nationaux ou étrangers, morts pendant la vie de NAPOLÉON, ou qui l'ont suivi de près dans le tombeau et quelques-uns de ceux qui lui survivent encore.

La vie de NAPOLÉON embrasse un espace de cinquante années et forme la transition des deux siècles. Toutes les grandes révolutions qui ont renouvelé ou renouvellent aujourd'hui la face des deux mondes se sont développées et accomplies ou perpétuées dans l'espace de ces cinquante années. Enfant, à la mort de Voltaire et de J.-J. Rousseau, lieutenant d'artillerie l'année de la mort du grand Frédéric, général en chef à la mort de Catherine II et de Washington, NAPOLÉON s'est ainsi trouvé le contemporain de tous les personnages fameux de cette période que l'on peut appeler la *Grande Ère des Révolutions*. La galerie des portraits de ces contemporains célèbres a reçu le nom de celui qui les a éclipsés tous.

La GALERIE NAPOLÉON n'est pas seulement un monument national, par le nombre d'illustres français qui doivent en faire partie : cette galerie appartient aux deux mondes.

Ornement, ou plutôt complément nécessaire de toutes les histoires contemporaines et des collections de mémoires publiés sans portraits, la GALERIE NAPOLÉON se présente avec tous les avantages qui résultent de la rivalité de nos meilleurs artistes français et étrangers et de l'importation récente du procédé de la gravure sur acier, garantie certaine de la pureté et de la beauté des épreuves livrées au prix le plus modique.

L'addition des *encadremens* et du *fac-simile* des signatures était encore l'un des perfectionnemens depuis long-temps réclamés pour une collection de ce genre.

La GALERIE NAPOLÉON se composera de 25 livraisons, chacune de 4 portraits avec encadrement et *fac-simile*, conformément au spécimen ci-joint, paraissant de quinze en quinze jours, à partir du 15 octobre 1828.

Prix de chaque livraison, papier vélin. . . . . 2 fr.

Id. papier de chine. . . . . 3 fr.

A PARIS,

CHEZ BÉNARD, MARCHAND D'ESTAMPES, ÉDITEUR,
GALERIE VIVIENNE, N. 49.
IMPRIMÉ CHEZ PAUL RENOUARD, RUE GARENCIÈRE, N. 5.

Galerie Napoléon.

(PROSPECTUS)

Fac-Simile.

(KLÉBER.)

(DESAIX.)

(NOEL BYRON.)

(ALEXANDRE.)

(KOSCIUSZKO.)

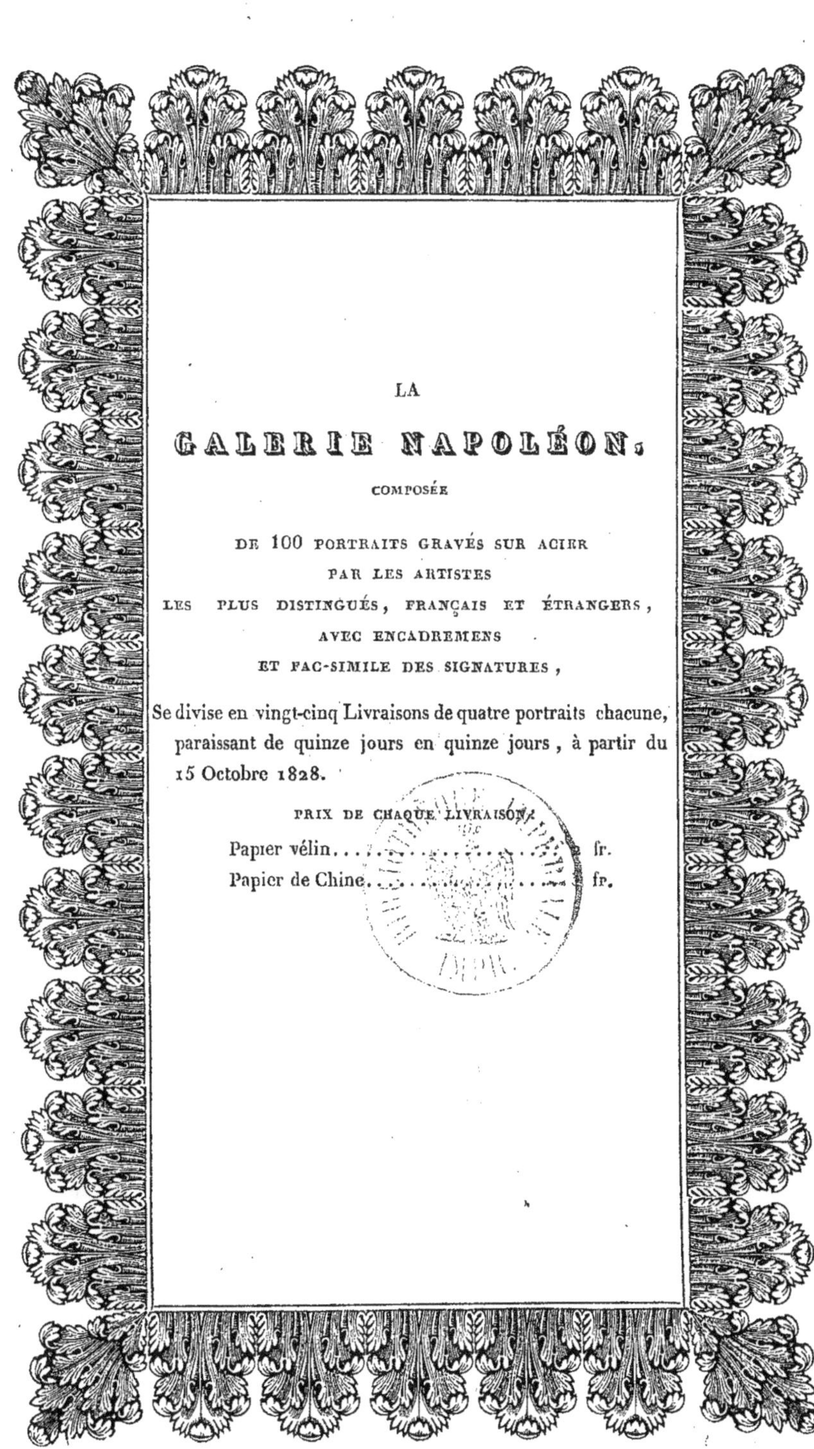

LA

GALERIE NAPOLÉON,

COMPOSÉE

DE 100 PORTRAITS GRAVÉS SUR ACIER
PAR LES ARTISTES
LES PLUS DISTINGUÉS, FRANÇAIS ET ÉTRANGERS,
AVEC ENCADREMENS
ET FAC-SIMILE DES SIGNATURES,

Se divise en vingt-cinq Livraisons de quatre portraits chacune, paraissant de quinze jours en quinze jours, à partir du 15 Octobre 1828.

PRIX DE CHAQUE LIVRAISON.

Papier vélin...................................... fr.
Papier de Chine.................................. fr.

9 782011 615244